내 영혼에
맑은 샘물이 흐르고

내 영혼에 맑은 샘물이 흐르고

초판 1쇄 인쇄일 2015년 12월 31일
초판 1쇄 발행일 2016년 1월 7일

글 정병년
펴낸이 양옥매
디자인 최원용
교 정 조준경

펴낸곳 도서출판 책과나무
출판등록 제2012-000376
주소 서울특별시 마포구 월드컵북로 44길 37 천지빌딩 3층
대표전화 02.372.1537 **팩스** 02.372.1538
이메일 booknamu2007@naver.com
홈페이지 www.booknamu.com
ISBN 979-11-5776-143-2(03810)

이 도서의 국립중앙도서관 출판시도서목록(CIP)은 서지정보유통지원 시스템 홈페이지(http://seoji.nl.go.kr)와 국가자료공동목록시스템(http://www.nl.go.kr/kolisnet)에서 이용하실 수 있습니다.
(CIP제어번호 : CIP2015036093)

내 영혼에 맑은 샘물이 흐르고

정병년 시집

책과나무

머리말

짙어 가는 가을에 촉촉한 은혜의 단비가 서늘한 바람을 타고 낙엽을 몰고 와 메마른 대지를 적신다.

고희를 넘긴 추억 엊그제 같은데 세월은 강물 따라 흘러가고 마음밭의 고독이 아쉬운 울림으로 귀밑에서 속삭인다.

어둡고 힘든 고난의 지난 세월 세찬 바람이 휘몰아쳐도 지나온 자국마다 연민의 정은 깊어지고, 정직과 믿음 하나만으로 견디어 온 기다림의 외길 속에 감사와 감격이 넘쳐난다.

거친 세상 살아오면서 순간마다 떠오르는 가슴속의 사연, 때로는 환희와 슬픔의 여운들을 단상의 글로 메모해 둔 몇 편의 시를 한 권의 책으로 묶으면서 덧없이 흘러간 인생의 삶의 흔적들이 주마등처럼 뇌리의 파노라마를 이룬다.

저 산아 물어본다
가는 세월 어찌 잡으리오
흐르는 강물에 물어본다
오는 세월 어찌 막으리오
수많은 사연 안고 떠도는 유랑별처럼
흘러가는 구름 따라 떠 밀려가 버린 젊은 날
허무함의 고독함이 옛 그림자로 다가오는구나
피고 지는 꽃향기 세세연년 짙어지고
푸른 노송 의젓함은 해가 갈수록 푸르름인데
도돌이표 없는 인생길
파도 앞의 모래성이었구나

지난 시절 달리는 경주자처럼 앞만 보고 달려온 삶의 시간들!
주님과 함께 가족과 함께 걸어온 자취들을 되돌아보니 내 영혼 그윽이 깊은 데서 맑은 가락이 되살아 메아리쳐 온다.
꿈 많던 어린 시절 추억의 아름다움으로 다가오고 젊음의 향기는 석양빛으로 사라져 가는데, 노년의 남은 인생은 찬란한 노을빛 타고 향기 짙은 훍바람 타고 다가오고 있구나.

무명초 같은 사람이 늦깎이 인생길에서 한 권의 글을 남기려 하니, 먼저 무거운 마음이 앞을 가린다. 어느 누구도 읽어 주는 이 없이 잎 없는 나무가 될지라도 흘러가는 구름이, 새벽별들이, 오고가는 세월들이 나의 고독한 마음을 헤아려 주리라는 기대감으로 용기를 내어본다.

나의 삶의 영혼이 깃들어 있는 작은 소망의 시집을 펴낼 수 있도록 용기를 준 가족들과 벗들에게 감사하며 교정을 해 준 조준경 님에게, 그리고 출판을 맡아 주신 출판사 책과나무의 양옥매 사장님께 진심으로 감사의 마음을 드린다.

2015년 10월

정 병 년

제1부 고향의 향기
삶의 그리움이 서린 곳

제2부 노을빛 인생

꿈 너머 꿈을 꾸며

제3부 추억의 파노라마 세월은 흘러가도 그때 그 시절

제4부 흙바람 속의 대자연 **아름다운 삶의 터전이여**

제5부 영혼의 울림
생명의 강이 마음에 흐르고

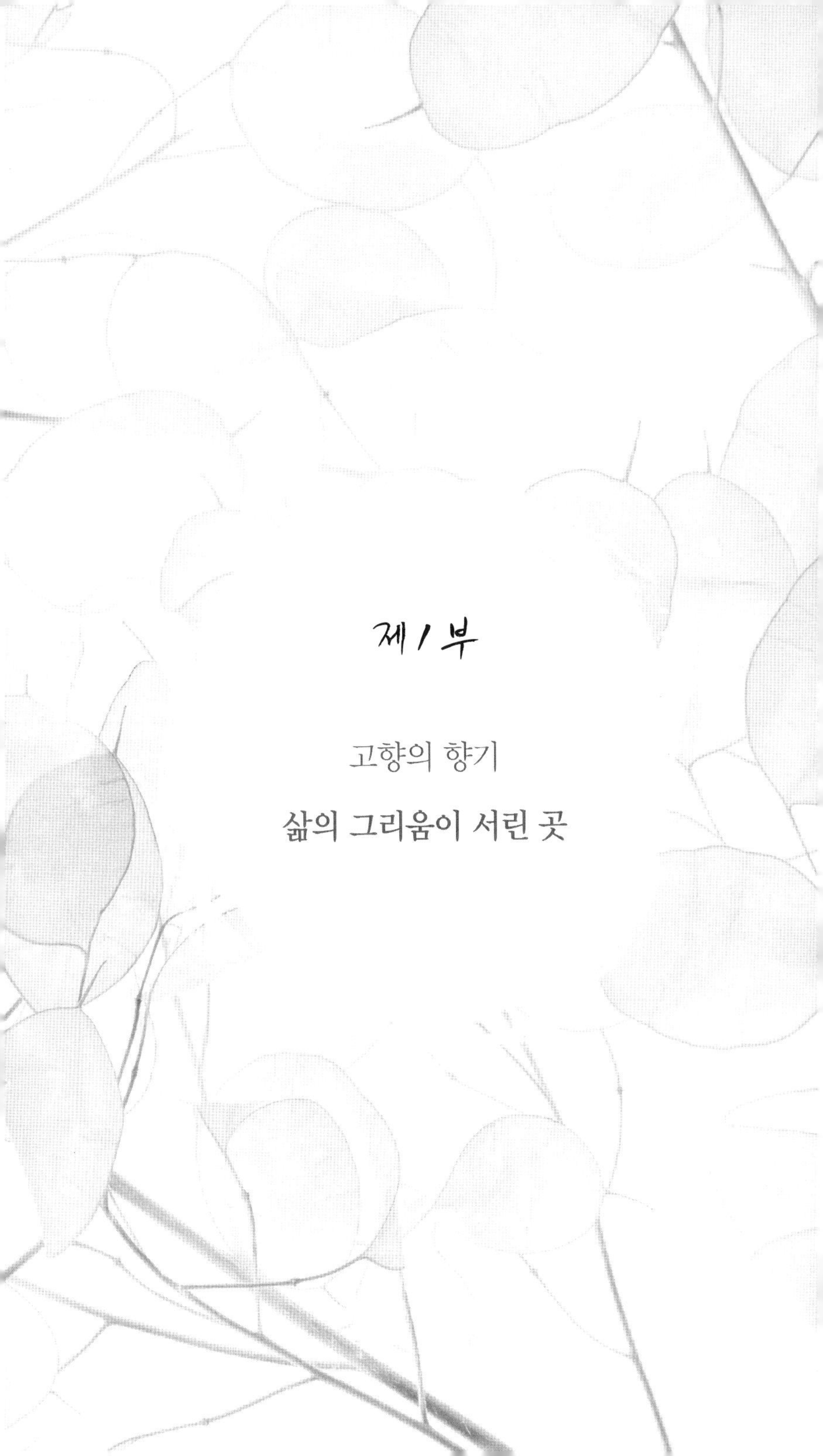

제1부

고향의 향기

삶의 그리움이 서린 곳

마음속의 고모령

마을 앞 우물가
버들가지 흐느적거리고
흙담길 옆 찔레꽃
날 반겨 주네

인적 없는 골목길
적막이 나래를 펴고
옛 수수깡 울타리
사라진 빈터에
그리움이 옛 메아리만
가슴에 젖어 오는구나

내 인생 숨결이 담긴
마음의 고모령
넘나들기 몇 해런가

멈춤 없는 세월 속에

젊음은 묻혀 갔고
흰서리 머릿결만
윤기 없이 휘날리네

어머님 손을 놓고
처음 넘던 마음의 고모령
신작로 두레길
온데간데없이 사라지고
시멘트 길 열기로만
삭막하구나

소 몰아 밭 가시던
아버님 모습 아련한데
트랙터 기계 소리만
적막을 깨뜨리는구나

마음의 고모령길

눈앞에 선한데
어버이 목소리 들을 수 없고
텃새들 무리만
울림으로 다가온다

살아생전 못다 한 효성
아쉬움 속 그리워도 무엇 하리
산천은 옛 정취 그대론데
떠나간 부모님은 그림자도 없네

날 보는 저 구름아
너는 무엇이 그리워
바람 따라 못 가고
맴돌고만 있느냐

지난날에 새긴
마음의 고모령을

언제나 또다시 넘을까

그리움이 가슴에 수놓으면
또다시 찾아오리
마음의 고모령 넘어

정든 고향을 떠나서

내 인생 살면서
가장 아름다운 이름 하나
나의 어 머 니

머언 고향 하늘 아래
홀로 두고 온 어머니
공허한 마음속에
늘 꿈으로 다가오셨네

찬 이슬 내린 아침
머리 수건 호미자루
외로운 달이 뜨면
땀방울 흙냄새 씻어 내던
그 모습 그리워
깊은 가슴의 샘물
한줄기 눈물이 되어
베개를 적시는구나

내 고향 옥당골

지는 잎새
아쉬운 푸르름 꿈꾸고
고향길 고개 넘어
흘러가는 저 구름
내 마음의 호수에 잠기며 도네

노령의 산줄기 따라
열린 고을들
천년의 빛 간직한 마을마다
선조의 숨결이 스며 있고
역사의 영욕이 함께 자란 고향 향기

고요한 칠산 바다
밤안개 나래를 곱게 펴면
솟아오른 치리산의 일곱 봉우리
잔물결 위 섬이 되어
날으는 갈매기도 손짓하는구나

석양노을 연실봉에
곱게 서려 오면
칠산의 지는 태양도
머뭇거리며 아쉬워 꿈꾸는구나

백수의 해안도로
산허리 휘감아 돌고
지는 한 해 여운 꿈속
흐르는 뱃길도 돌아가는구나

텅 빈 옥당골 들녘
쓸쓸함만 허전하고
찬바람 구비마다 출렁이고
짝 잃은 철새 한 마리
남쪽 나라 찾아가네

찬 서리 물결이 짙게 깔리고
설한풍속 잠든 세월
눈 물결 스며오면
칠산 어장 조기배도
신바람 나겠지

산비탈 언덕길에
진달래 곱게 물들이면
뻐꾸기 소리 메아리쳐 울려오고
격양가 기쁜 소식
풍년 소식 전해 오는
그리운 내 고향 옥당골

그리운 그 이름
오늘도 내 마음에 돌고 도는구나

눈 쌓인 장독대

소리 없이 함박눈
나비 되어 내리는 날
사박사박 발끝에 노래 실은
어린 시절 뛰놀던 눈길의 여운 속에
한적한 시골마을 둘레길 걷다가
나도 몰래 발길이 멈추어 섰네

담 넘어 장독대 위에
호빵 닮은 소복한 흰 눈덩이가
옛정 넘치는 친구로 다가와
은빛 넘치는 겨울을 노래하는구나

그리움의 옛 향기 그 모습에
가 버린 세월 눈앞에 아른거리고
어머님 손길이 그리워진다

크고 작은 장독대 추억 속에는
옛정의 그리운 맛이 담겨 있고
운치 넘치는 미각의 생명샘이
아름다운 꿈으로 자라고 있겠지

목련화

한 떨기 목련화
천년학의 자태로 곱게도 피었구나

속살 드러낸
하얀 목련화
옛 살던 고향집이 그리워진다

울밑에 심어 놓은
백목련 자목련
올봄에도 백옥처럼 피어 있겠지

실록의 계절로 달려가는
따스한 봄볕 속에
순결로 피어나
내 마음에 생명수를 띄워
가슴을 적시며 쓰다듬는구나

그리움의 정 속에
한 잎 두 잎 떨어져 가도
내 마음에 길이 남을
연민의 목련화여

귀향

젊음의 날들은
해변의 모래알 같은데
노년의 세월들은
살같이 흘러가는구나

서산에 지는 태양이
붉은 노을로 수놓으면
가슴속에 메아리치는
지난날들의 그리움 안고
내 마음 구름 따라
옛 고향 찾아간다

아침부터 울어 대는
매미의 울부짖음이
빈 내 마음에 속삭이면
옛 시절 그리운 고향
눈 앞에 아른거리고

물기 서린 눈망울에
친구의 그림자가 비춰 오는구나

장작불로 지핀
구들장의 온기가
다가오는 소리에
고향의 흙냄새 퍼지고
잠자던 향수가
부스스 일어나
고향으로 달려가는 마음
그 어찌할거나

두루봉에서

계절 따라
꽃길 따라
어린 꿈 깊이 서린 그 길
오르내리길 그 얼마련가

내 삶의 숨결이
듬성이 골짜기마다
고이 스며 있구나

흘린 땀방울 속에
잔디는 푸르르고
잡목 속 진달래
눈앞에 아른거린다

바람 따라 구름 흐르고
새소리 물결 소리
그날처럼 들려오는데

함께 걷던 그리운 친구들
지금은 어디서 무엇하고 있을까

목청 돋우던 그 함성
들을 수가 없는데
저 멀리서 메아리만
추억을 담아 오는구나

추억어린 향수 속에
나 홀로 찾아와
외로운 나그네 되어
그리움의 옛 노래만 부르는구나

달래산 두루봉아
너는 옛 모습 그대로인데
우뚝 서 맞아 준
그 큰 소나무 어디로 갔나

눈섬 포구에서

함박눈 내린 날
태양빛 받아
은빛 구슬 비춰 오는
한 폭의 수채화
눈섬이라 부른다네

칠산의 바닷바람
계절 위에 몰려오고
갯벌의 비린 내음
향수에 젖은 고향이네

바닷바람 가슴에 안고
기지개 한번 켜니
오염으로 찌든 마음
멀리 구름 따라 가는구나

햇살 품은 파도 소리
내 귀에 속삭이고
석양의 노을빛
내 얼굴에 미소 짓네

해지는 황혼 금빛
수평선에 하루를 닫고
풍어 실은 고깃배
바다 물결 신이 났네

포구에 서린 그리움 안고
발길 돌린 내 모습에
갈매기도 아쉬워
이별의 날개로 감싸는 구나

백우회

고향 하늘
흙 내음 속
정다운 사연으로
맺은 친구들

강산이 변하고
세월이 흘러가도
너와 나
맺은 우정 깊어만 간다

젊음의 향기
바람결에 떠나가도
인연 속에 맺어진
사연 사연들
그리운 추억의 향기로
되돌아온다

흘러간 시간 속에
깊어진 주름진 얼굴
섬섬해진 머릿결이
눈물겨워도
흘러간 세월이 남긴
인생의 알곡이었다

이 밤도
서해바다 민박집에서
깊어 가는 정담 속에
시간은 새벽으로 가는데
칠산의 바다 물결
은빛 이루고
별들도 잠이 들어
적막이 흐른다

오– 백우회여

우리들 삶의 샘터였고
진정 꿈의 고향이었다

그 이름
영원하리라
그리움의 본향이었다

배나무 한 그루

내 어린 시절
뒤뜰의 배나무 한 그루

봄이면 은빛가루
달덩이처럼
한 송이 되어 향기 품고 나를 반겼지

비 오고 바람 불면
하룻밤 참지 못하고
고운 자태 버리고 땅 위에서 향연

꽃떨기 떨어진
그 자리엔
어린 열매 살며시 고개 들었네

봄 · 여름
시간 속에 가을이 오면
탐스런 열매 익어 나를 초대하였지

백수 해안도로에서

바다 내음 가득 품은
푸른 바다 출렁이고
해당화길 굽이마다
꽃향기 가득하구나

산자락 허리마다 짙은 녹음
산새들의 교향곡 속에
저 멀리 칠산 노을
곱게도 서리는구나

저 멀리 칠산도에
물안개 피어오르고
순풍의 돛단배 하나
날 오라고 손짓하네

모래미 해변

연인들의 속삭임
여운의 메아리로 돌아오고

흘러간 시간들이
해변의 언덕에 추억을 새겼네

고요함의 적막이
바람 타고 돌아와 멈추고
인적 드문 모래미 해변에
옛정 그리움 안고
나 홀로 찾아왔다

모래 위에 팔베개
파란 하늘을 본다

참 곱고 아름답구나

내 마음은 수고의 짐
무거운 돌덩이인데

아픈 마음
흐르는 눈물
내 모습 서러워
은빛 파도 위에
희망의 꿈길을 띄워 본다

외로운 물새 한 마리
내 마음을 열고
백사장 무대 삼아
기쁜 노래 하는구나

파도가 밀물처럼
내 마음에 흐르면
노을빛 벗 삼아

황포의 돛을 달고

미지의 세계로 떠나고 싶다

부모님 잠드신 묘 앞에서

비단물결
푸른 잔디
이슬 젖은 고요 속에
살아생전 모습 그리며 나 여기 서 있네

하늘보다 높고
바다보다 더 넓은 깊은
부모님 그 사랑 너무 못 잊어
한마디 말도 없이 눈물만 솟네

어린 시절 감싸 주던
따스한 그 손길
지금도 내 몸에 온기로 스며들어
훈훈한 바람 타고 이 마음 적시네

한평생 자식 위해
별빛에 황혼노을 스며들 때까지

괭이 메고 호미 들고
찬 서리 내린 날도 구슬땀 흘리셨지

생존해 계신 날이
몇몇 해였는데
못다 한 효도가 너무나 사무쳐
한 줌 흙 손에 들고 목이 메어 불러 봅니다

밭이랑을 보면

곱게 다듬어진
비단물결 밭이랑을 보면
철없이 보낸 세월
그리움이 메아리 치고
어린 시절 동심이 솟아나
마음의 추억들이 알알이 익어 간다

소 몰아 쟁기질 하시던
아버님의 그리움이
세월을 타고 되돌아와
밭이랑을 볼 때마다
깊고 깊은 가슴속에서
회한의 눈물만이
샘물처럼 넘쳐난다

오선지 같은 밭이랑
눈앞에 선한데

다하지 못한 효도
가슴에 사무쳐
목이 메어 불러 봐도
허공에만 맴도는구나

뙤약볕 아래
쟁기질 하시던
아버님 생각 아련하여
깊은 추억의 샘터에 담긴
뜨거운 눈물만 흐르는구나

설매리에서

춘설 날리는데
매화 향기 그리워
설매리라 하였나

미소 지은 따스함이
마른나무 가지에 스쳐 가고
찬 이슬 구슬처럼 맺혀 오면
반짝이는 별빛 아래
춘몽이 깊어지는
설매리의 밤도
고요히 잠들어 간다

칠산바다 훈풍이
돌팍재 산자락 타고
살며시 스며 오면
철 만난 텃새들 날아들고

외로운 꽃망울이
살며시 고개를 내민다

길용지에서

낚싯대 드리우고
시름 속 헤매는데
잠자리 한 마리
살포시 찌대를 어루만진다

꿈꾸는 산자락
물 위에 춤을 추고
푸른 수면 위에
숲 속이 잠들어 간다

파란 하늘이
물결 위에 숨을 쉬고
흐르는 세월을 삼키는구나

하루의 인생길에
옷깃을 여미고
영혼의 푸른 초장에

내 삶을 맡긴다

새소리
바람 소리
수면 위에 내려앉을 때
내 마음의 고향이
세상의 시름을 잊고
구름 도는 물 위에 자리를 잡는다

뱃사공 이야기

여보시오 말 한마디
건너편 뱃사공 귓가에 속삭이면
나룻배 노를 젓던 싱글벙글 뱃사공

안개 젖은 이른 아침
찬 이슬 영롱한데
행여나 젖을세라 마른 멍석 깔아 주며
노래하는 여운 속에 잔물결 퍼져 가네

갯벌에 올라서니
고개 내민 농게 무리
깜짝 놀라 제 집 찾아 줄행랑일세

세월 흘러 추억 찾아
그곳에 다시 오니
뱃사공 나룻배 흔적도 없고
밧줄 매던 돌덩이만 옛 모습일세

흐르는 강물도 옛정 그리워
맴돌다 친구 따라 여행길 떠나고
흘러가는 구름 한 점
맑은 물결 못 잊어 돌고만 있네

갈대숲 우거진 부둣가에
옛 향기 그리움에 발길 돌리며
언제 다시 뱃노래 불러 볼까나

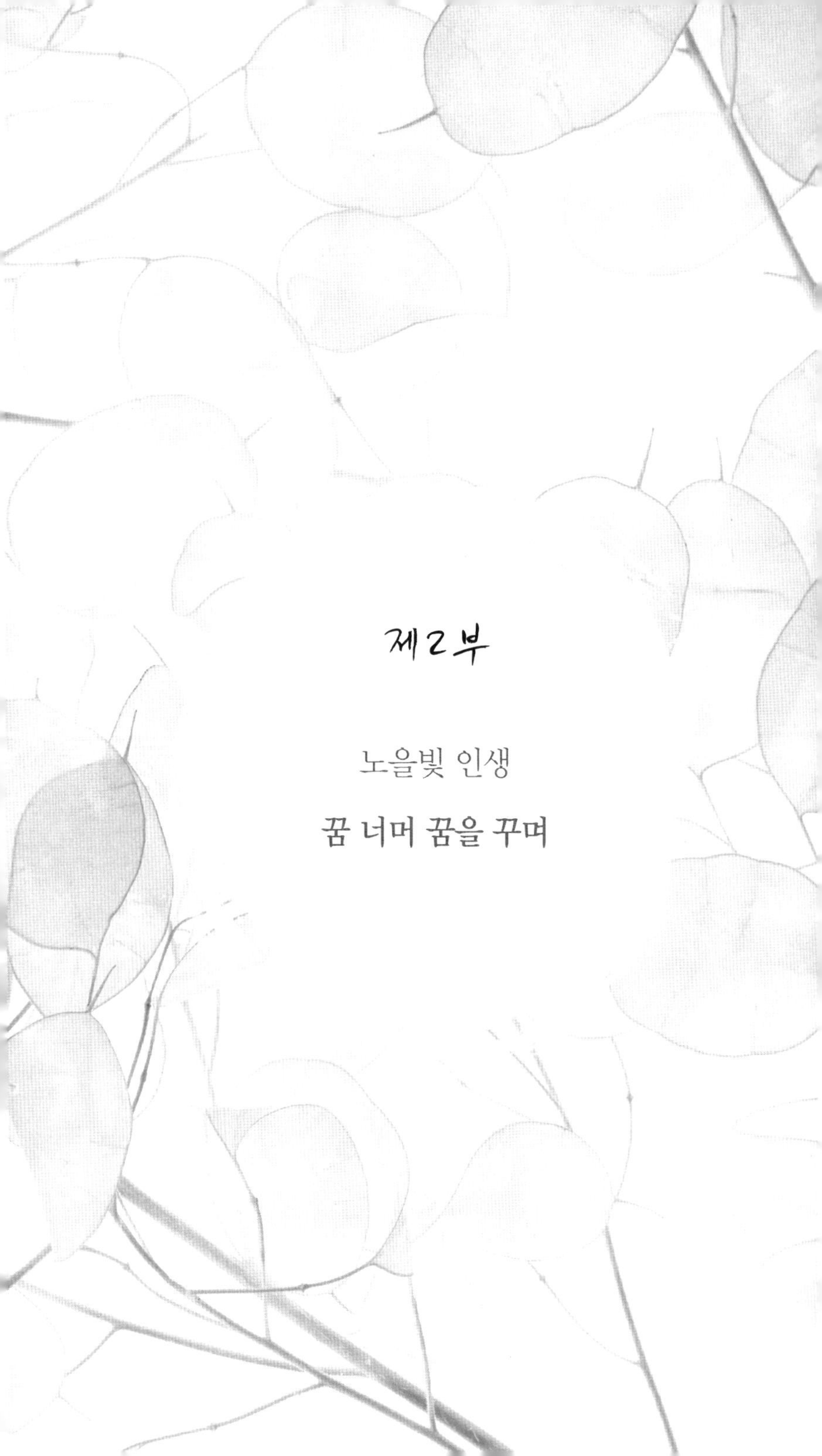

제2부

노을빛 인생

꿈 너머 꿈을 꾸며

찻잔 속에 담긴 여운

싱그러운 향기가
찻잔 속에 맴돌다
따스한 물결 타고
코끝에 저려 온다

산허리에 매달린
차밭의 푸른 물결
마음이 영혼에 스며들어
세상 속에 찌든 가슴
푸르름의 맑은 가락에
평안의 기쁨이 넘치는구나

굽이굽이 돌아가는
산자락의 찻잎 속에
천년향의 신비가 묻어나고
손길 바쁜 아낙네들
잔잔한 고운 미소

한 폭의 그림일세

하늘의 파란 바다
초록의 대지 위에
개울 물소리 잔잔한데
녹차언덕 이랑 위에
새긴 사연들 속에
실바람의 정취가
넘쳐나는구나

따끈한 차 한 잔
앞에 놓고
흘러가는 구름 위에
내 마음 담그오니
옛 벗의 그리움이
눈앞에 아른거리네

사랑의 꽃을 피우리라

나의 삶의 터전은
언제나 온실
따스한 구수함이
피어나는 따스한 꽃밭

사랑이 흐르고
찬송이 넘치고
기도의 호흡이 가득하고
낭만의 꿈이 출렁이는 이곳

마주 보며 웃는 미소
사랑의 눈길을 나누는 꽃밭

사랑하는 사람들
함께 삶을 곱게 꾸미는 곳
사랑의 이야기 속에
계절도 쉬어 간다

희망의 꿈길을
주님과 함께 걸으며
강 같은 평화
샘솟는 기쁨이 함께하는 곳
행복의 길을 함께 걸어간다

오고 오는 시간들이
수없이 다가와도
다함이 없는 축복을 심으며
영생의 꽃을 심으리라
주님의 향기를 뿌리리라

사랑의 잔잔한 미소가
피어나는 이곳에서
평안함과 행복이
가득한 이곳에서
사랑의 꽃을 피우리라
샤론의 꽃을 가꾸리라

바람의 숨결

금잔디처럼
잔잔한 파도처럼
부드러운 바람의 숨결

살랑이는 봄바람의 숨결이
내 가슴에
잔물결로 다가오면
지난날 젊은
아름다운 꿈이 향기처럼 다가온다

산새 울음 바다 내음
쪽빛 바람 불어오면
젊은 푸른 시절
낭만의 꿈이
은빛 모래바람 되어 스며 온다

옷깃 여미는
스산한 가을바람

마음의 동산에 새겨 오면
내 마음은
허무한 인생의 마른풀이 되어
너울거린다

눈 내리는 동산에서
푸른 구름 별빛 따르는데
철 따른
바람의 숨결들이
추억의 낭만 위에 소근거린다

바람의 숨결마다
생명력이 넘쳐나고
내 삶의 인생길에
또 하나의 생명력이
심호흡할 때마다
기지개 켜는 무지갯빛
내일을 밝혀 온다

삶의 향기

좋은 동행 속에
삶의 향기가 싱그럽고
기쁨의 여행길
영안이 넓어지네

깊어 가는 늦가을
만추의 자연 속에서
세월의 야속함을
아쉬움으로 달래 본다

꿈꾸던 연둣빛
짙은 초록으로 바뀌고
몰아쳐 올 겨울 준비로 익어 가는
고운 치마폭 같은 단풍잎
나그네 발길을 붙드는구나

알곡 거둔 텅 빈 들녘

마른 풀로 감싸는 잔디밭
메마름의 고독이 넘쳐나도
희망의 숨결이 짙게 풍겨 온다

새봄이 다시 오면
생명의 연둣빛으로
긴 겨울잠을 깨우기에
쓸쓸함의 공간마다
풍요의 태양이 떠오르는구나

짙게 물들어 가는
맑은 거울 가을 속에서
더 기다림의 생명이 흐르고
연민의 따스함이
곁길로 살며시 스며 오는구나

아! 삶의 향기여

기다림의 아름다움이여
먼 산모롱이에
노을빛이 찬란하구나

내일은 은혜의 단비

허탈한 웃음 속에
탄식이 있고
허공을 헤매는 눈망울 속에
외로운 눈물도 있다

고독의 아픔이
앞을 가리고
세상의 어둠이 깔려 와도
우리는 마음으로 좌절하지 말자

희망의 꿈을
주님이 붙들고 계시는데
오늘의 아픔은
내일의 찬란한 태양
인고의 시간 속에
인생의 열매가 여물어 간다

외로운 나무줄기
설한풍 몰려와도
내일을 기다리며
새싹을 준비한다

빈 들 같은 내 마음
차갑고 외로워도
알곡의 황금물결 출렁인다

주를 앙망하는 자
절망은 없다
외로운 꽃 한 송이
연약한 풀잎 하나도 좌절은 없다

아름다운 내일의 감격
우리 앞에 다가오니
오늘은 정의롭게

살아가야 할 인생의 소명이다

고통은 아름다운 것이다
그 속에 더 큰 희망이
웃음 지으며 자라기 때문이다

오늘은 아름답다
그리고 위대하다
내일의 태양을 기다리기 때문에

지친 나의 삶 뒤에서
주님이 바라보시네
내일은 더 큰
희망의 길이 있다고 속삭이시네
은혜의 단비처럼

세월은 덧없이 흐르는데

세월은 말없이 흘러가고
목주름 흰 머릿결 늘어 가는데

마음은 동심의 세계로
어린이가 되는구나

철없는 황혼의 하소연인가
철들어 가는 인생의 꿈 노래인가

거리의 찬란한 네온의 불빛보다
밤하늘 빛나는 별빛이 그립고

건물 숲 사이의 포장길보다
이슬 젖은 시골의 오솔길이 그립구나

음향기기 매혹의 노랫가락보다
풀벌레 하소연에 마음이 설레고

자동차의 물결보다
잔잔한 해변의 파도가 그립구나

꽃축제의 차려진 멋진 꽃보다
홀로 핀 산비탈의 야생화가 그립고

곧게 흐르는 인공의 물줄기보다
굽이굽이 돌고 도는 시냇물이 그립구나

정수기에서 따르는 물 한 잔보다
옹달샘의 생수가 더 그립고

에어컨이 품는 찬바람보다
산바람 강바람이 더 그립구나

잘 가꾼 포장길의 가로수보다
코스모스 물결길이 더 그립고

어지러운 불빛속의 무대 노래보다
구름 따라 흘러간 옛 가락 그립구나

뱃고동 소리 높여 떠나는 여객선보다
바람 타고 떠나는 돛단배가 그립고

하늘 높이 은빛 소리 항공기보다
외로이 나는 물새 떼가 그립구나

이 밤도 그 옛날 골목길 누비며
목마 탄 그 친구들 다정한 모습에

아– 아름다운 추억이여
그리움의 눈물이 말없이 흐르네

철없는 황혼 인생 애처로움에
달빛이 다가와 위로해 주네

내 마음 바다처럼

내 마음 바다가 되어
숨을 쉰다
처절한 기다림으로

마음의 석양에도
찬란한 노을의
감격을 뿌려 주리라

바다에는 눈물이 있고
웃음이 있고
분노가 서리고
인생은 그런 거라고 속삭여 준다

수평선 위에 걸친
지는 태양처럼
뜨거운 가슴으로 세월을 품는다

푸른 오월

오월이 오면
내 삶의 시계는
한 박자 쉬어 가자고 속삭인다

황혼의 내 모습
살며시 접어 두고
푸른 가슴이 날개를 펴면
파도 같던 마음의 주름도
잔잔한 미소로 돌아간다

생명의 싱그러움이
녹음 따라 피어나고
파아란 젊음으로
가슴에 젖어 온다

꽃향기 흙바람 속에
그윽한 애절함이

가슴속에 묻혀 있는
싱그러운 꿈을 타고
젊음의 푸르름으로 피어오른다

평화의 빛
사랑의 빛이
가득한 온 누리에
오월은 푸른빛으로
아리따운 단장을 하고
계절의 여왕으로
생명의 약동으로
우리를 맞는다

지난날의 아름다운
못 이룬 꿈에 젖어
아카시아 꿀 향기에 젖어
한 박자 인생길

멈추어 서 있는데
세월은 한마디 말도 없이
저만큼 달려가는구나

세월 담은 바람

세월 담은 바람이
내 마음에 찾아왔네

먼 길 돌고 돌아
고달픔으로 찾아왔네

창가에 맴돌다
그리움으로 스며 온다

살며시 창문 열면
사랑 실은 축제 되어
내 가슴에 파고들어
옛이야기 꽃을 피우고
먼 나그네 길 떠나간다

노점상 이야기

녹음 진 가로수 아래
푸성귀 몇 가지 늘어놓고
오가는 사람 발길 따라
눈길 돌리며
애처로운 마음으로
손님을 기다리는가

주름진 얼굴에
세월의 흔적이 뚜렷하고
쭈그린 그 모습 애처로워
가는 발길 멈추고 망설이는데

이게 마지막 떨이요
그윽한 그 눈빛
차마 지나칠 수 없어
천 원짜리 몇 장 건넸더니
검게 탄 얼굴에 피어나는

그 행복 잊을 수가 없구나

그 미소 속에 담긴 뜻
헤아려 되새기며
돌아서는 발길에 여운이 서린다

기다림

마음의 빈 들에서
억매임 없는 공간에서
자유를 얻는
나는 새가 되고 싶다

비워 두고 넓혀 온
마음의 쉼터에
내일을 기다리는
소망의 꿈을 심고 싶다

먼동이 터 오면
새벽을 깨우고
다가오는 세계로
겸손의 길을 걷고 싶다

아직 오지 않은
미래의 시간들 위에

내 영혼의 꿈을 싣고
성령의 인도함을 기다리고 싶다

어느 날 밤중에

어느 날 여름밤
번쩍하는 빛
무너지는 천둥소리
깊은 잠에서
깨어나는 내 영혼

더 밝은 빛
더 큰 소리의 울림
내 영혼
더욱 새롭게 솟아오르네

하나님!
감사합니다
뜨거운 성령의 모닥불이
가슴을 적시고

생명의 강이 흐르는

기도의 시간 주심을!

망중한

찔레꽃 향기 속에
여름이 익어 가고

초가집 지붕 위에
조롱박눈 춤을 춘다

울 밑의 맨드라미
기마대장 왕관 쓰고

봄 나비 임을 찾는
그리움의 향년일세

철 만난 담쟁이 줄기
흙 담길 고개 넘고

바람도 잠이 드는
적막의 환희일세

채송화 작은 꽃잎
애처로움 스며 있고

오동잎 마디마디에
세월이 쌓여 간다

새들도 둥지 찾아
사랑의 꿈을 꾸면

흰 구름 이불 삼아
내 영혼 잠이 든다

꽃씨를 뿌리리라

내 인생
고스란히 담을 수 있는
추억의 사진 한 장 없는 나

세월 속에 묻혀 간
옛 그림자가 그립구나

나를 뒤돌아본다
지난날의 흔적들이
여기저기서 묻어난다

앞만 보고 걸어온 길
파란 꿈 탄식 속에
구르는 낙엽처럼 갔지만
봄이 오는 소리에
기도하는 마음으로
희망의 꽃씨를 묻으리라

그리운 사람
기다리는 마음으로
김매고 가꾸어
사랑의 꽃을 피우리라

꽃향기 그윽이
널리 퍼져 가면
한 아름 곱게 따서
꽃비를 뿌리리라
노을빛 내 인생의 앞길에

어느 순간에

어린 시절 시간들은
푸른 꿈속 새싹에 맴돌기만 하였고

젊은 날의 세월들은
희망의 꿈속에 구름 따라 흘러갔지

철들어 가던 장년에는
아쉬움 남긴 시간들이 달려가더니

목주름 진 황혼의 계절은
바람 따라 살같이 지나가 버리는구나

그리움의 지난날은
목메임의 절규로 메아리쳐 갔어도
오는 세월들은 후회 없이 붙들어야지

서산에 걸친 태양아

멈추어 서거라

내 인생 다시 한 번 멋지게 꾸며 보련다

들길을 걸으며

이른 아침
안개 낀 들길을 걷는다

새벽빛은 더 밝아 오고
하얀 달은 서산에 걸쳐 있네

풀잎에 맺힌 이슬
또록또록 영롱한데
떠오르는 태양 속에 사라지겠지

이슬방울 사연 속에
인생을 보았네
파도처럼 왔다가 사라지는 인생길을

내일 아침 찬 이슬
더 빛나겠지
한번 간 인생길은 어디서 다시 찾나

그리움의 아쉬움 안고
나그네 구름 되어
가는 발길을 재촉하는구나

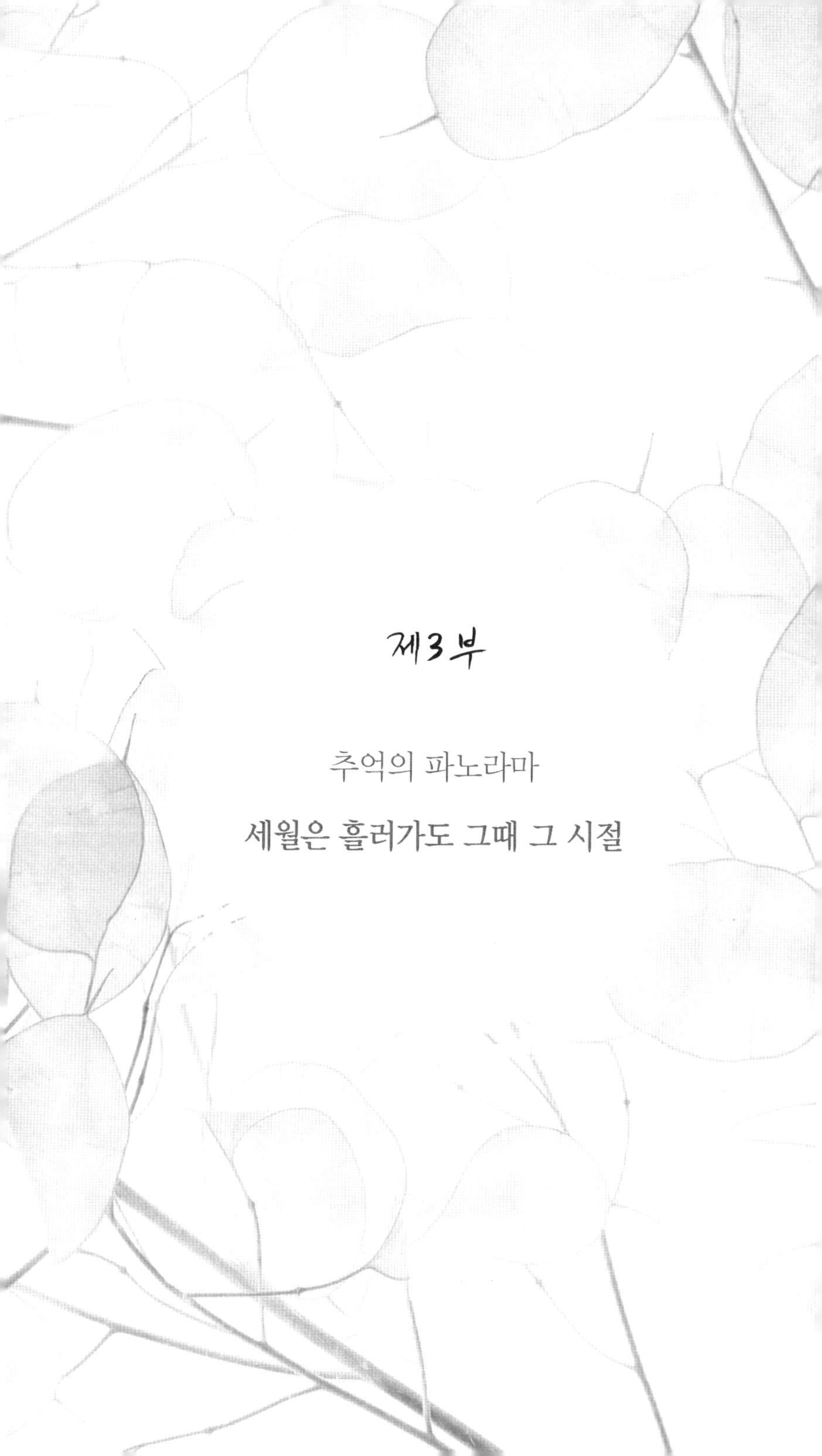

제3부

추억의 파노라마

세월은 흘러가도 그때 그 시절

빛바랜 사진 한 장

손끝에서 시려 오는
세월의 아픔
떨리는 마음에
고독이 스며든다

빛바랜 사진 한 장
어버이 야윈 모습
내 마음 둘 데 없어
먼 하늘 바라보며
토해 내는 탄식
애달픈 사연인가

살아생전 못다 한 효도
깊은 가슴의 사무침에
흐르는 눈물 어찌할거나

주름진 얼굴 위에
삽자루 호미자루
눈앞에 어른거려
살며시 눈을 감아 버린다

사진 속 마루에 놓인
다듬이이돌 하나
그 가락 지금도
메아리로 다가오네

속 타는 이 가슴
달랠 길 없어
발등에 눈물로
한 줄의 참회록을 쓴다

너무도 그리운 그 시간

수업 시작 울리기에
허겁지겁 땀 흘린 얼굴 씻고
와이셔츠 급히 걸쳐 입고
교탁 앞에 섰는데

실장 차렷소리
한 울림 퍼지더니
뒷말 잇지 못하고 웃음꽃이네

영문 몰라 엉거주춤
두리번거리는데
남은 학생 여기저기서
입 가리고 낄낄낄

어느 제자 손짓으로
웃옷단추 가리키는데
만져 보니 첫 단추 잘못 끼웠네

그 순간 스치는 지혜의 영감이
나도 몰래 응급처방 튀어나왔네

근엄한 표정으로 멋진 폼 잡고
사랑한 제자들아
무식이 보초 섰느냐
유식은 어데로 출장 보내고

다시 한 번 휙 둘러보며
바리톤 목소리로
이 모습 옷차림에
스승의 깊은 뜻이 있느니라

사랑스러운 제자들
귀를 쫑긋하고
눈망울 반짝이는데

스승의 첫말 가라사대
너희들은 어찌하여
꿈도 적고 미래가 없느냐
21세기 명동패션 가르치려고
신 모델 걸쳐 입고
이렇게 왔느니라

알겠느냐 호통칠 때
또 한바탕 웃음꽃 피웠지

넘살스러운 어느 제자
두 손 번쩍 들고 하는 말
다음 시간은 어떤 패션인가요

하– 그것 다 준비하였느니라
일 년치 몽땅 제작하였느니라

다음 시간 의상은
21세기 파리의 샹젤리제 패션
그것도 멋진 숙녀의 패션이다
기대하라 알겠느냐!

선생님 다음 시간은
멋진 여자 패션으로 오시겠네요

아- 그렇지
그걸 물어보면 말이 되는냐
너무도 당연한 걸 묻긴 왜 물어

이어지는 정다운 말 또 말들
그다음은요 어떤
아! 다음은 인디언 추장패션
그다음은 또 그다음은

마지막 피날레의 패션은
정글의 패션이다
그것도 아름다운 여자의 패션
또 한바탕 까르륵 소동이네

이제 남은 최고의 무대
진짜 명품 우리 한복
얼마나 위대하냐
그 옷 입고 서는 날
눈물의 감격으로 우뚝 서리라

그날 그 시간이
한 폭의 그림이었고
감동의 드라마였다

그렇게 환한 얼굴들
어디에서 만나 볼거나

그때 그 제자들 단발머리
초롱초롱 샛별 눈빛
푸른 꿈 실은 제자들
지금은 어디서 무얼 하고 있을까

너무도 그립구나
청아한 그 목소리
지금도 내 귓전에
추억의 멜로디로 되돌아오네

아! 그 시절 그 시간
감격으로 여운으로
내 삶의 한켠에
보석으로 스며들어 있었네

추억 어린 낚시터

소낙비 그친 어느 날
무지개 빛 속에
낚싯대 드리우고
잔물결 살랑이는
이곳에 왔네

푸른 꿈 짙게 깔린
젊음의 여명기에
어느 선비 발길 따라
낚싯대 던져 놓고
맑은 물속 도는 구름 못 잊어
이곳에 외로이 서 있네

으라찻차 그 선비
음률의 외침 속에
뭉클한 마음 하도 정다워
나도 몰래 달렸던

여운 서린 그곳에
우뚝 서 있네

건너편 목동의
그 그림자 아름다워
물결 속에 그려 놓은
수채화 한 폭

지금은 흔적 없이
사라져 버렸는데
나 홀로 옛정 그리워
떠가는 구름 위에 웃음만 던지네

낚싯대 끝자락에 울린
짜릿한 그 여운 잊을 수 없어
지금도 가슴 깊이 울려 퍼지는데
그 선비 목소리 들을 수 없어

나 홀로 외로운 물새가 되어 있네

아! 도는 인생
먼 훗날 낚싯대 엎어 메고
잡초 우거진 그 물가에
꿈이여 다시 한 번 외쳐 보면서
옛 가락 노래 실어
향수나 달래 볼까나

광안리 백사장에서

파도가 스르르 밀려온다
태양빛 한 줌 안고

아쉬움 속 밀려간다
달빛 한 줌 안고

저 멀리 수평선에
갈매기 떼 떠오더니
고독한 내 마음 안고
멀리멀리 떠나는구나

아픈 마음 야윈 볼에
갯바람 멈추더니
보드라운 숨결로
애처로운 눈길로
아쉬움 남기고 구름 따라 가네

마음은 푸른 창공
꿈은 아침 햇살인데
맴도는 메아리 되어
허공만 떠돌다 흩어지는구나

푸르른 물결아
흘러가는 저 구름아
저 높은 빛나는 별처럼
지난날 꿈꾸던 그 꿈
언제나 다시 띄워 보낼거나

그리운 아쉬움 속
내 인생 애원 속에
바람타고 구름 타고
세월은 못 본 채 떠나는구나

야생화의 그리움

푸르름 수놓은 잔디 위에
우리 꽃 비단물결
고운 향기 그립구나

태고의 신비 속에
천년을 하루같이
계절 따라 지켜 온
향수 어린 들꽃들
민족의 애환이 서리고
영혼이 숨 쉬는구나

외로움 속 홀로 핀
저 흙바람 속 꽃
애수에 젖은
이 마음 가슴에 담고
파란 하늘로 솟아오른다

비단 꽃실로 수놓은
그 자태마다
우리들의 곁을
말없이 지켜 주는
이름 모를 들꽃
바람결에 나부끼는
고독의 숨결

고요한 이 마음에
고향의 그리움처럼
감격으로 다가오는구나

야생화 그루마다
그리움의 사연 담고
계절의 바람 숨결 타고
세월 따라 스쳐 간다

인고의 세월 속에
기다림의 생명력으로
피어나는 야생화여
찬란한 민족의 혼을 담고
영원히 피어나라
아름다운 이 강산에
찬란하게 향기롭게
더 멋있게!

해 저무는 부둣가

해 저무는 해변
외로움 감도는 부둣가에
그리움 실은 추억의 그림자들이
하나둘 모여들고 있었다

적막 속에 묻혀 가는
모래사장에
여름철에 남겨진 함성이
부메랑으로 몰려온다

해넘이의 남긴 빛 속
긴 여운 타고
눈부시게 반짝이는
파도의 물결들이
타오르는 붉은 노을빛 되어
열정의 꿈으로 타오르는구나

산언덕 가지마다
흔들리는 풀잎마다
곱게 물들어 가는 단풍잎마다
불기둥 되어
정열의 향기로운 꽃으로
내 마음을 흔드는구나

지는 해 시샘하여
조각달은 언덕 위에 다가오고
장엄한 적막 속에
내 마음의 행복이
휘몰아쳐 온다
해 저무는 부둣가에서

추억의 교정에서

손끝으로 부르고
눈빛으로 말하면
금방 봉선아 씨처럼
튀어나올 것 같은
지난날 제자들의 모습 그리며
텅 빈 교정에서 추억을 삼키네

손 내밀면 한 움큼
만질 수 있을 것 같은 가 버린 시간들이
알알이 솟아나와
교정의 공간마다 쌓여 있구나

함께 하였던 지난날들의
아름다운 순간들이
주마등처럼 스쳐 가고
허공을 맴도는 상념의 흔적들이
가슴속 깊은 곳에서 꿈틀거리는구나

정다웠던 선생님들
사랑스러웠던 제자들
지금은 어디서 무엇하고 있을까
벅찬 가슴으로 다가오는데
보고 싶은 그리움에 목이 멘다

헤어짐의 그 순간
뜨거웠던 열정이
다시금 메아리 되어 귓전을 울리는데
은발의 머릿결이 실바람에 나부끼고
주름진 눈가에 뜨거운 눈물이 흐르는구나

서성이는 발길 애처로운데
교실의 웃음소리
교정의 그 함성들이
나의 옷깃에 매달리는구나

아- 그리운 옛날이여
젊은 날의 추억이여
그 시절이 너무도 그립고
그 얼굴들이 너무도 보고 싶구나

메타세콰이아 길에서

소낙비 달려간 어느 여름날
담양의 메타세콰이아 길 앞에
발길 가는 대로 걷고 있었다

아– 멋지다
아름답다 그리고 장엄하다
하늘 찌른 엄숙함이
숙연한 마음으로 자리를 잡는다

확–트인 그 길을 걸으며
풍진의 세상에 막혀 버린
가슴의 아픈 길이
폭포수 내림처럼
이렇게 트일 수가 있나

나는 외쳤다
두 손 높이 들고 부르짖었다

허영의 겉옷을 멋지게 걸치고
어두운 속마음 따로 노는
허상의 군상들이여
이 길에 와서
욕심의 배낭을 벗어던지고
정의의 함성으로
두 주먹 불끈 쥐고 외치자 부르짖자

우리들의 가슴이
탁-트인 소통의 길이 되도록

한 점 부끄러움 없는
세상을 만들자 꾸미자
우리 모두가 말이다

새벽을 깨우는 역사의 바람이
이 길에서 불어온다

영원한 진리의 새벽별이
찬란하게 반짝인다
이 길에서 떠오른다

어린 천사들의
노랫소리에
여인들의 호들갑 떠는
수다 소리 들으며
나무는 더 높이 자라고 있었다
희망의 나래를 펴고
하늘과 대화를 하고 있었다

내 마음 천사 되어
나무 꼭대기에
사뿐히 내려앉는다

옛정의 그리움

바다 내음 살아 숨 쉬는
해변가 펜션에서
반세기 우정의 친구들
주름진 얼굴에
흰 머리카락 날리며
지난 세월 흔적들을 노래하였네

눈 굽는 갯벌의 울음소리
저음의 베이스로 감싸 오고
찰랑이는 파도 소리
조약돌에 속삭이는데
추억 속에 묻힌 사연
꿈 깨고 일어나
밤새워 되도는 메아리 되네

불빛 드문 해변
적막의 흐름은 깊어 가고

잎사귀 없는 앙상한 나뭇가지에
스치는 찬바람도 잠시 머물고
갈잎의 마지막 흐느낌 속에
그리움의 옛정 못 잊어
맴돌아 뒤돌아보며 돌아가는구나

깊어 가는 밤하늘에
그윽한 초롱 별빛
잠 못 이루는데
아련히 피어오른 밤안개 따라
도란도란 옛정 실은
향수의 애틋한 사연들
갯내음 별빛 따라
멀리멀리 실려 가는구나

임자도에서

바람에 실려
나 홀로 이곳에 왔다
외로움 한 움큼 쥐고

야윈 볼 위를 스치는
파도의 사라짐이
어찌 사연을 알까

따뜻한 햇살 속삭이고
물새 한 마리
내 마음 반기는가

시린 가슴 쓸어내린
부둣가
낭만의 추억 찾을 길 없고
뱃고동 소리만
가슴에 스며 오네

광안리 백사장
태고의 적막
타고 오는 파도 소리
눈시울이 적신다

파도 넘어 수평선에
돛단배 하나
사연 실은 물결이
은빛만 날리는구나

모래를 베개 삼아
하늘을 본다
참 곱고 아름답다
내 마음은 첩첩산중
돌덩이인데

아픈 마음 야윈 뺨

내 모습 서러워
그래도 맑은 공기
날 위로하네

외로운 물새 한 마리
내 마음 알고
백사장 무대 삼아
기쁜 노래 띄우네

파도가 내 앞에서
쓰러져 가면
내 마음 돛을 띄워
꿈길 달린다

고갯길

산 넘고
물을 건너
인생의 고갯길을
그 얼마나 넘고 넘었는가

한 고비
한 고비 삶의 고갯길
넘고 넘을 때마다
새로운 인생의 길이 열리고
또 다른 세계가 다가왔는데

탄식의 그리움 안고
묻혀가 버린
굽이굽이 넘긴 인생의 고갯길
어느덧 고희를 넘어
찬 서리만 내리는 고개가 되었구나

나는 오늘도
옛길을 더듬어 간다
문명의 기기들이 달리는
소음의 길이 아닌
억새풀로 어우러진
그 길을 찾아간다

바람 소리 흐르고
풀벌레 노래하고
새들의 유희 속에
계곡의 물소리 어우르는
자연의 그리움이 담긴
솔바람의 그 길을
타는 목마름에 그리며 간다

우리 인생길 닮은
고갯길 따라

내 마음의 길을 열고

옛길의 시간을 걷고 싶다

그리움 젖은 달래산 보며

어린 시절 추억 서린
고향에 찾아왔는데
세월이 화살같이 그리움 타고
저 멀리 아롱져서 향취뿐이네

수많은 인생굽이
넘어갔는데
목마 탄 고샅길 간 곳 없어도
달래산 너만은 옛 모습 그대로구나

산봉우리에 우뚝 선
소나무 한 그루
구름처럼 세월 따라 어디로 가고
뭉게구름만 그 자리에 걸쳐 있구나

헤매고 방황한 그 세월이
애처롭고 가슴 시려도

산새 울음소리 들을 길 없어도
달래산 옛 흙냄새 그리움뿐이네

댓잎의 노래

초가집 장독대
고이 곱게 감싸던
뒤뜰의 황금빛 푸른 숲 대나무

봄빛 바람 미풍에
하모니 이루고
세찬 바람 몰아치면 오케스트라

소복한 눈꽃 밭에
달빛 내리면
수줍은 댓잎 노래 월광곡일세

구슬픈 속삭임에
잠이 들고 단잠 깨고
꿈 너머 꿈꾸며 세월이 쌓였지

녹음 짙은 비 오는 밤

행여나 누가 볼까
숲 속에 얼굴 가리고 돋아난 죽순 한 그루

딸까 말까 망설이는
손끝자락 부끄러워
쓰다듬고 발길 돌린 아쉬운 이 마음

찬 이슬 모서리에
인고의 세월 이겨 내고
영혼 울린 댓잎 노래 나를 반기네

순간의 단상

젊은 시절
내 마음은
언제나 푸른 하늘
꿈 너머 꿈이 있었는데

황혼의 인생길 걷는
쓸쓸한 내 가슴에
흐린 하늘이 덮여 있고
외로운 고독 속의
빈 마음의 들판이네

꿈 너머 꿈
어디로 사라지고
지난날 그리움만
못 잊어 눈물 나네

아니 벌써!

계절은 산허리
감고 도는데

세월은 낙엽 속에
추억을 삼킨다

녹음 속 풀벌레 소리
적막 속에 묻혀 가고

높아 가는 가을 하늘
기러기 떼 불러오네

별빛 속 내 모습
처량하고 곤한데

날리는 은발이
잔주름 감싸는구나

눈물의 노래

밤하늘 수놓은 별 따라
지나 버린 반세기
당신을 처음 만난 날
하얀 눈송이 날리고
따스한 손길로 맞아 주었소

목련꽃 같이 순결하고
아침이슬 머금은 수선화였소

세월이 흐르고
고운 손마디
거칠게 애처로워도
한마디 불평 없이
가슴속 깊이 묻고 살아온 당신
사랑의 눈물 외엔 갚을 길 없소

백합화처럼 피어나고

장밋빛 꿈꾸던
젊은 날 예쁜 사진 한 장
내 마음속 깊은 곳에 새겨진
빛나는 보물이었소

고운 얼굴 모습 어디로 가고
깊게 팬 주름
윤기 없는 머릿결
지난날의 마음 아픈 삶의 흔적에
뜨거운 눈물만 적셔 옵니다

당신은 아름다웠소
마음은 곱고 순결하였고
평생 한결같이 산소 같은 그 마음
우리 가족 가슴에
영원한 생명수로 흐르고 있소

당신과 함께한 지난 세월
희망을 노래한 시절이 있었소
때론 슬픔도 아픔도
가슴속 깊이 묻고 온 통곡의 눈물도
사랑으로 감싸며 이겨 낸 세월
감사뿐이었소

바닷물이 말라
다 없어져도
바람결 빗줄기에
바위가 부셔져도
변함없이 당신 곁에 있을 거요
진실한 사랑의 한마음으로
살아 있는 그날까지

나는 비탈길에 선 한 그루 나무

비탈길에 선
한 그루 고독한 나무
그게 바로 나의 인생이었다

비바람 치면
찬비 맞으며
눈보라 휘감기면
홀로 떠는 한 그루 나무
그게 바로 나의
삶의 시간들이었다

세상 풍파
막아 주는 이 하나 없어
외롭고 고독하였다
그곳이 나의
삶의 터전이었다

풍진 세상
헤쳐 나갈 때
때론 너무 힘들어
한숨 쉬었다
그 환경이 나의
삶의 공간이었다

그러나 난 행복했다
가정의 보금자리는
항상 따뜻한 봄날이었고
가족들의 기도는
나의 고독을 달래는 생명수였다

내가 힘들 때
가족은 아론과 훌이었다
내 짐은 가벼워졌고
희망은

날개를 펴고 날았다

내가 육신의 고통으로
힘들어할 때
주님은 내 곁으로
다가오셨다
인생이 생명의 길로
접어드는 환희의 서곡이었다

어느 날
내가 주님을 영접하는 날
독수리의 비상이 시작되었다
소리 높여 외쳤다
고통과 고난의 뜻이
무엇인지 깨달았노라고

비탈길에 서서

외로움과 고독의 나날을
알곡 같은 인생길
구원받은 천국길에서
감격의 눈물 흘린다

주와 같이
길 가는 것
즐거운 일 아닌가
영원토록
주의 영광 빛내리

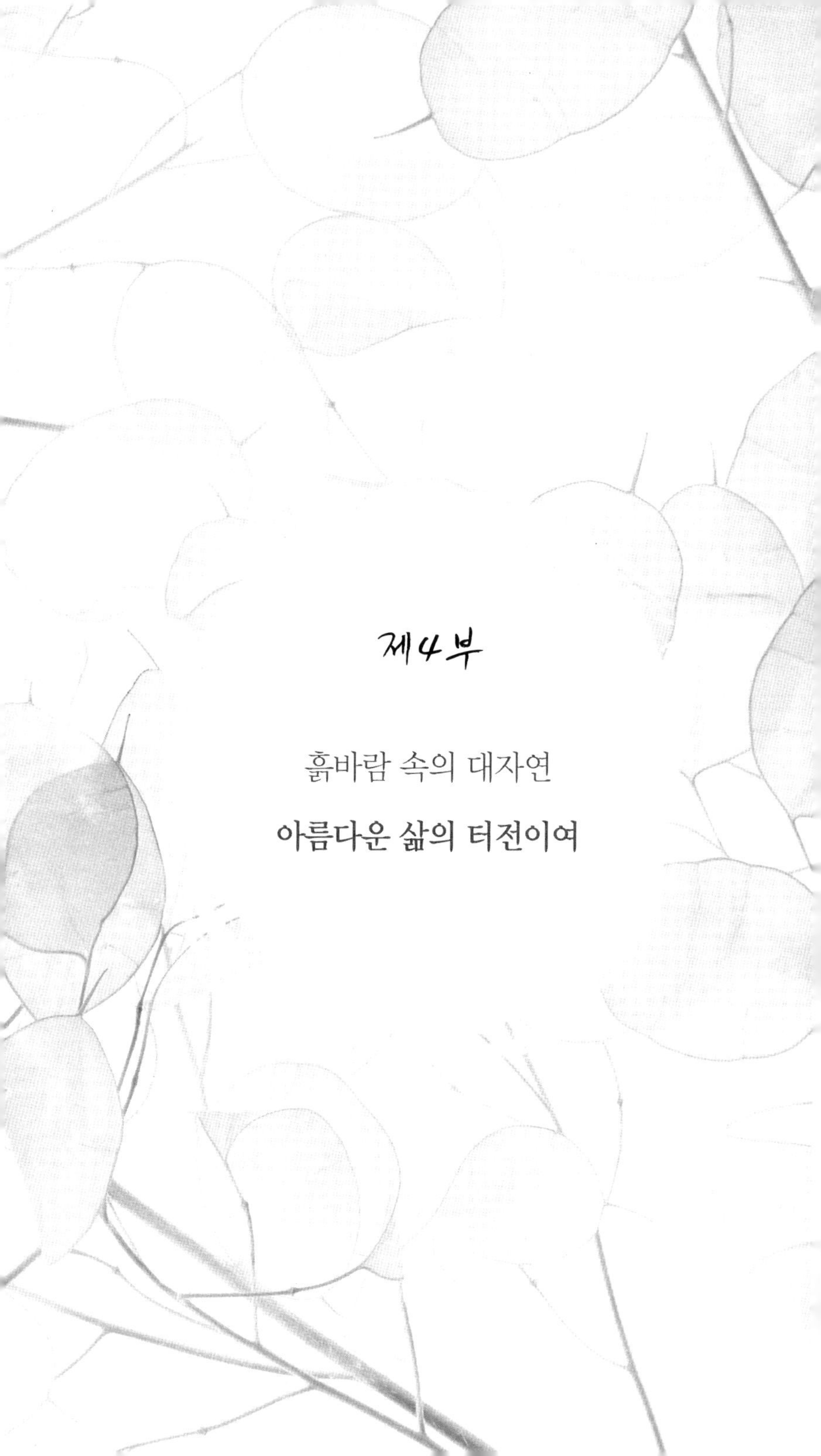

제4부

흙바람 속의 대자연

아름다운 삶의 터전이여

얼음호수

잔잔한 파도가
사랑의 물결처럼 흔들고

안개 낀 호수 위에
녹음 빛 비춰 오면
낚싯대 드리우던
태공의 무리 어딜 갔나

찬바람 밀려오고
수은주 내려가는 계절에
모든 걸 막아 버린
얼음의 겨울 호수가
또 다른 세상을 꿈꾸는구나

인적 드문 얼음 호수에
신이 난 어린아이들
철 만난 물고기처럼

얼음판을 수놓는다

건너편 얼음 호수가
밀고 끌어 주는 형제 모습
한 폭의 명화로구나

찬바람 막아 주는
얼음 호수 이불 삼아
겨울잠에 푹 빠진
물고기 떼 모습이
눈앞에 아른거린다

대나무 스케이트로
얼음판 호수 위를
땀 흘려 밀어붙이던
그 옛날의 그리움이
가슴으로 타고 내린다

꽃무릇 이야기

꽃과 잎
만남의 길에서 헤어진
영원한 이별인가
이룰 수 없는 사랑인가

사랑을 절규하다
꽃으로 솟아난
순결이 정열이여

만날 수 없는 사랑
가련하고 애처롭기에
떠나가 버린 사랑
기다림 속에 피고 지는
더 아름다운 자태여
설레는 꽃이여
애수에 젖은
눈물의 꽃무릇이여

바다에 남긴 정

해변 길 걸으며
바다의 소리를 듣는다

태고의 고요 속에
신비의 소리를 듣는다

외로운 마음에 새기는
고요한 흐느낌의 소리를 듣는다

성난 얼굴 토해 내는
함성의 소리를 듣는다

하늘을 품에 품고
별들과 속삭이는 소리를 듣는다

스쳐 오는 바람 속에
미소하는 숨결의 소리를 듣는다

철새 때 떠나가면
외로운 슬픔의 소리를 듣는다

적막이 찾아오는 밤이 되면
새벽을 깨우는 소리를 듣는다

바다를 보며
내 마음의 수평선이 열리고
바다가 미소 지을 때
가슴을 열고 바다를 품는다

텅 빈 모래사장에
수많은 추억을 남기고 떠난
연인들이 걷던 길을
나 홀로 내가 걷는다

머-언 수평선

그곳에 내 마음이 멈추고
황혼빛 스며 오면
마음의 고향이 세워진다

툭 터진 바다 위에
후련한 가슴으로 사랑을 품고
바다의 해변가에
내 인생의 꿈을 심는다

봄의 전령사

오는 봄 시샘하는
눈꽃새
가는 세월 아쉬워
나뭇가지 붙들고 눈물짓는데

영원한 행복의 꽃 복수초
저 멀리서 봄소식 안고 오네

춘설매 기지개 켜고
꿈속에서 깨어나
아름다운 자태로 뽐내는구나

남쪽나라 유채꽃
봄의 향기 뿌려 오고
마른 잔디 품속에서
돋아오는 새싹들 봄꿈을 꾸는구나

아지랑이 살며시
봄 솥뚜껑 열고 나와
푸른 하늘 바라보며 미소 짓는구나

봄의 전령사들 시샘하는데
맏형 동백꽃 미소 속에
따스한 햇볕도 구름 타고 내려오네

벚꽃 길에서

흩날리는 벚꽃 길
내 마음도 날려 보낸다

소낙비처럼 토해 내는
정열의 벚꽃이여
한마음으로 사랑을 꿈꿔 왔나

아쉬움 속 그리움만
짙게 뿌리고
꽃향기만 남기고
왜 이리 서둘러 떠나가나

설토화처럼 피어난 꽃
흐르는 바람결도
기쁨의 노래 속에
추억을 남기는구나

시냇물에 떠도는 꽃
보랏빛 수놓으며
맑은 물도 황홀케 하는구나

흘러가는 꽃잎 따라
발길 가는 대로 걷는데
세월이 남긴 은발 위에
벚꽃잎이 친구 되어
가는 길 막는구나

흑산도에서

바다 안개 위에 우뚝 솟은
울창한 밀림의 향연
검푸른 치장으로
흑산도라 하였다네

예리항 부두에 밝혀진
선박들의 찬란한 불꽃
해상의 궁궐 도시인가

흑산도 일주도로
굽이굽이 돌아가는 길
학창시절 수학여행 때
속리산 찾아가는
말티 고갯길
아련히 떠오르고
옛 추억이 가슴에 밀려온다

상라산 정상에 오르니
푸르른 물결
한 폭의 그림 속에
섬 여인들의 애환이 담긴
흑산도 아가씨의 노래가 그립다

상라봉 넘어
아찔한 해안도로
펼쳐지는 절경들이
내 마음을 사로잡는구나

물안개 피는 호숫가에서

눈물 머금은 애수의 별들이
흰 구름 사이로 빛나더니
무서리가 고독을 타고 내려왔네

물안개 피어나는 의암호 위를
물 찬 제비처럼 흰 파도 남기고
카누 한 척이 미끄러지듯
낭만의 물레 길을 달리는구나

병풍처럼 감싸고도는
산자락 굽이마다
하소연의 숨결이 기지개를 켜고
물풀도 무성한 호반의 곁길에
가슴 저린 옛 꿈이 넘실대는구나

호수 위에 열린 꿈 실은 물결
설레는 가슴에 새겨지고

흰 구름 수놓은 그 솜씨 속에
맴도는 나그네 발길이 추억을 삼킨다

근린공원의 아침

티 없이 맑고 푸른 너는
수정 빛 흐르는 은구슬 쟁반

짙은 녹음 위에 춤추는
잎사귀의 향기

새소리 은은하고
풀벌레들의 속삭임에
깊은 시름 잠드는구나

귀밑머리 스치고
어디론가 떠나는 바람의 물결
창조주 하나님의
크신 능력이어라

아침부터 울어 대는
매미소리 누굴 그리워하나

날으는 잠자리의 날갯짓에
향기로운 그 숨결
가슴에 파고드네

수줍은 이슬방울 부끄럼 안고
잎사귀 뒤로 스며들고
푸른 물결 가르며
떠나가는 저 구름
이별의 여운만 남기는구나

연못가에서

연푸른 새싹
봄을 꿈꾸며 노래한다
연못가에서

작은 송사리 떼
철만나 유희하고
물방개 신이 나서
물 위를 간질이는구나

개구리 한 마리
세상 구경하는데
심술궂게 흙덩이 던지니
깜짝 놀라 줄행랑치네

연못 속에 해 뜨고
밤이슬 따라 달이 뜨고
깊은 밤 빛난별

초롱 빛 눈길 따라
선녀처럼 이 연못 내려와
스치는 미소처럼 소곤거리나

푸른 하늘 시샘하여
뭉게구름 몰고와
연못 따라 돌고 돌아
아름다운 추억의 사진
남기고 가겠지

따스한 봄 향기
꿈꾸는 연못가에서
내 마음도
맑은 호수되어
구름 따라 돌고 돈다

봄비 내리고 갠 날

살며시 이곳 찾아
풍진 세상 다 잊고
건너편 청산과
아지랑이 메아리 속에
꿈 실은 옛정 나누며
낚싯대 두어 칸 드리우고 싶다

가거도에서

흑산항에 뱃고동
여운 남기고
굽이굽이 섬길 돌아
가거도에 왔네

뱃머리 갈라치는
은빛 물결 이루고
떠나고 들어오는
여객선마다
깊은 사연 실은
연민의 정이 있네

뱃머리 가는 길에
수정 같은 푸른 물결
밤하늘 빛난 별빛
바다 안개 너울지고
해변가 자갈밭에

물보라 파도 물결

물안개 감고 도는
적막의 그리움에
밤에도 낮에도
쉬지 않는 교향곡

어느 날 몰려온
태풍의 물보라에
성난 파도 성난 바람
통곡의 비운 지금도 남아
꿈같은 이야기 속
한 폭의 그림일세

계절이 바뀌어도
떠나지 않는
갈매기 그 노래

바다처럼 붙들고
꿈꾸는구나

푸른 하늘 바람 소리
쪽빛 바다 속삭임에
천년의 신비 안고
오늘도 누굴 기다리나
가거도 연민이여

셀 수 없는 세월 속에
창파에 고이 씻은
산천의 그 맵시
곱고 아름다워
푸른 물결 백사장에
씻고나 갈까

뻐꾸기 소리

녹음 짙은
초여름 날
풀벌레 소리 그치고
새들도 잠을 자는
푸른 마을 뒷동산 거니는데

고요한 적막을 깨뜨리는
뻐꾸기 소리에
내 마음 백 리 길을 달리네

꿈꾸던 어린 시절
고향 마을 뒷산에서
애절한 사연 토해 내던
그 정다운 소리
꿈결 담은 내 가슴은
추억의 길을 달린다

잊을 수 없는
뻐꾸기 정겨운 울음소리
메아리쳐 되돌아올 때
내 마음 고향 뒷산 자락을
바람 타고 돌아가는구나

마라도에서

먼 남쪽 하늘가
태고의 신비 속에
세월의 슬픔을 안고
그렇게 외로움으로
지새운 날들이 그 얼마련가

비바람 파도 속에
인내의 기다림으로
고독의 쓰린 가슴을 여미고
천년을 하루같이 지나온
네가 그리워
나 오늘 여기 왔노라

그리움에 목메는 네 모습이
파도의 숨결 타고
몰려오는구나

세찬 바람 속에
풍랑의 파도가
저 멀리서 넘실댄다

고독을 삼키는
애처로운 너의 마음을
구름위에 띄워 보내고
그리운 사람들의 발길을
기다리고 있구나

때 묻지 않은
너의 해맑은 모습에
내 마음이 스며든다

오늘 또 하루가
바람 속에 묻혀 가는구나

저 멀리서
그리움의 파도가 밀려오면
너는 조용히 별을 헤아리며
적막의 세계로 잠이 드는구나

웅덩이에 고인 물

먹구름 속에서
울부짖던 소낙비
흐드러지게 퍼붓더니

파란 하늘 문 열어 놓고
먼 여행길 떠나간다

웅덩이에 고인 물
생명이 넘쳐나고
나뭇가지 끝에서 떨어지는
한 방울의 물이
작은 파도를 일으킨다

나뭇잎 하나 내려와
뱃놀이 시작하고
한 조각의 구름이
웅덩이에 그림을 그리네

긴 다리목길

긴 다리목길 가는
솔밭 오솔길에
푸른 잔디 솟아나고
따스한 봄볕이
바람 타고 흐른다

함께 걷던 옛 친구
먼 길 떠나가고
외로운 나그네로
나 홀로 걷고 있네

아련히 떠오르는
어린 시절의 추억
수없이 달린 내 발길
내 마음에 흐르고
참 진달래 꺾어 먹던
그리운 시절에 눈물이 고인다

꿈 많던 젊음의 향기
흔적만 남아돌고
옛길에 묻은 정만
내 발길 잡는구나

해지는 솔밭길에
그림자만 서러운데
푸르른 잔디 위에
옛 꿈만 서린다

흘러가는 저 구름도
재를 넘지 못하고
서성이는 내 모습에
애처로운 미소만 보낸다

하얀 눈

초저녁 별들이
움츠리며 애처롭더니
간밤에 하얀 눈이
온 세상을 감싸는구나

모든 걸 흔적 없이
다 덮어 버렸네
묻어 버렸네

내 마음에도
하얀 눈 소복이 내려
추한 마음 다 감싸 주었네

마음은
하얀 도화지가 되고
그림 없는 가슴이 되었네

하얀 마음 도화지에
무슨 그림을 그릴까
하나님을 사랑하고
주님이 기뻐하는
인생의 삶을 그려야 할 텐데

낙엽의 소리

바람결에 날리는
한 잎의 낙엽
헛되고 헛된 것이
인생이라 속삭이네

움터 오던 봄날 지나
실록의 노래 속에
비바람 시절 따라
알곡으로 자라더니
속절없는 세월 안고
바람꽃 되어 날리는구나

솔로몬의 독백 속에
세상만사 때가 있고
만물은 낙엽처럼 시들어
여운의 흐느낌을 찬양할 때
인생의 삶이 덧없음을 헤아리네

낙엽의 신음 속에
세월이 잠기고
이별의 아픔이 서려 온다

범사에 기한이 있기에
낙엽의 그림자 소리에
몸부림의 고뇌가 새겨지고
흘러가는 바람 따라
인생의 석양빛이 애처롭구나

잔설의 하소연

마른 잔디 골짜기에
고이 숨은 잔설 무리

햇빛과 숨바꼭질
젖은 땀방울

태양빛 애처롭게
서산마루에 걸치면
젖은 땀 닦아 내고
깊은 시름에 잠기네

찬바람 불어오고
노을빛 사라지면
밤 타는 별과 같이
깊은 꿈꾸네

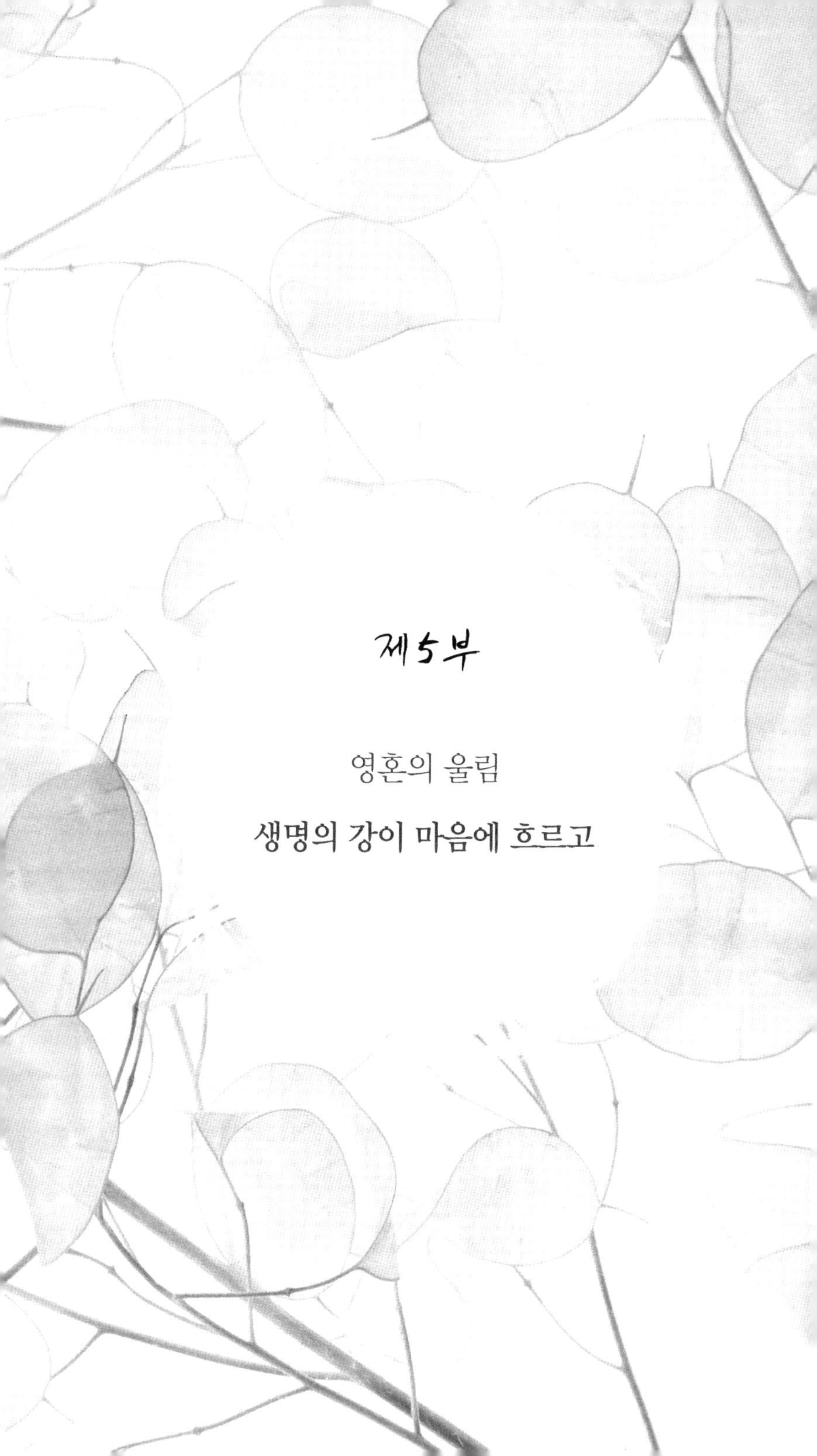

제5부

영혼의 울림

생명의 강이 마음에 흐르고

마음의 쉼터

나는 기도할 때
마음의 쉼터를 만든다
빈 들의 공간을 넓힌다

그리고
마음의 텃밭에
씨앗을 뿌린다

주님 주신 은혜로
영혼을 풍요롭게 하는
믿음 소망 사랑의 씨앗을
순결한 마음으로 심는다

그리고
물을 주고 가꾼다

그리고 그 열매들

아름답고 탐스런
알곡의 열매로 자라겠지

내 평생의 꿈도
성령의 단비로
함께 자라나겠지

꽃망울

아지랑이
들녘 가득한데
눈물 어린 가지 마다
봄볕에 웃음 짓는다

붉거진 눈망울
더 참을 길 없어
여행길 떠나려 옷깃을 여민다

마른 풀잎 아래
시린 물 흐르고
단비 내리면
여린 생명의 꽃망울
심호흡 내쉬며
속삭임의 숨결이 아름답구나

적막

때론 적막 속에
내 몸과 마음을 담그고 싶다

내 숨결 깊은 곳에서
영혼의 맑은 가락이
울려 나올 것 같은 기다림일까

새들도 떠나가고
벌레소리도 그쳐 버린
적막의 계속이 그리워진다

넓은 해변의 모래밭
파도소리 고요히 귓전을 스치고
철새 한 마리 외롭게 서 있는
적막의 백사장이 그리워진다

인적 그친 산 정상에서

실바람에 팔베개 하고
별똥별 흐르는 적막 속에
내 마음 내 영혼
멀리멀리 띄워 보내고 싶다

곡식 거둔 텅 빈 들판
쓸쓸한 논밭 길을
흙내음 흠뻑 마시며
적막의 들판 길을
집시의 고독한 마음 안고
끝없이 나 홀로 걷고 싶다

아름다운 멋진 삶
황혼의 노을 길에서
추억의 인생길을
살며시 펴 보고 싶은 마음일까

고요한 적막이
이 가슴속에 흐르는데
샛별 하나 조용히 다가와
내 영혼에 살며시 안긴다

물처럼 살면서

생명의 물
영혼을 담는다

아래로만 흐르는 물
겸손의 미덕인가

땅속에 스며드는 물
사랑의 온기인가

산천에 흐르는 물
삶의 젖줄인가

그릇 따라 다른 모양
자유로움의 극치인가

마음속에 담기는 물
성령의 채움인가

만물을 살리는 물
낮은 길로 찾아가고

더러움을 씻겨 주는 물
평화의 샘물일세

막히면 돌아가고
또 막히면 기다리고

흐르고 흘러서
바다에 이르고

먼 길 돌고 돌아
단비로 또 내리는구나

물처럼 사노라면
후회 없으리

빈 마음으로 살면
영혼의 길 열리리

맑은 물 흐르는 마음에
성령님 계시고

쉴 만한 물가에서
영생의 꿈을 키우리

물처럼 살면서
영원히 영원히!

섣달 그믐날

마지막 넘긴 달력
그믐날
앙상한 가지에
매달린 마지막 잎사귀

무슨 사연 그리 깊어
친구들 멀리 보내고
슬픈 사랑의 노래 부르고 있나

열매 없이 보낸 한 해
너무도 부끄러워
깊고 낮은 목소리로
한 줄의 참회록을 쓴다

밤안개 따라
무서리 내리고
날아가는 구름 따라

한 해가 사라져 가고
새해의 종소리
꿈을 실어 오면
내 마음의 창문도
밝아 오는 빛 속에 활짝 열리라

푸른 마을 오솔길 걸으며

풀잎 위에 내린 이슬
햇빛 위에 은빛 구슬

청아한 그 아름다움
들리지 않은 숨결 때문일까

수많은 사연 서린
우리의 마음속에
수정같이 맑은 샘물이 흘러야지

약속한 우리 마음
때론 변덕스러워
순간적인 평안을 위해
내 뜻대로 판단하고
살아 버린 지난 세월들

이른 아침 오솔길 걸으며

귀 밑으로 다정히 흘러가는
진리의 음성을 듣습니다

주님 같은 마음으로
구원 향한 그 길 위에서
가슴에 스며 오는 흐느낌으로
내 영혼의 옷깃을 여밉니다

대자연의 아름다움 속에
변치 않은 진리로
내 마음도 청결한 자로
제자의 길을 가렵니다

순간적인 평온함을 위해
허물 많은 인생길이 아닌
맑은 생명수 같이
주님 가신 길 따르렵니다

푸른 마을 오솔길 걸으며
새싹 같은 상념이 스칠 때
풀벌레 소리 아름답고
하얀 반달이 웃음 짓네

천사의 나팔꽃

아리따운 수줍은 모습
천사의 나팔꽃 세 자매

맏언니 하얀 옷
막내는 분홍 옷
노랑색깔 입은 자매 둘째이겠지

무엇이 그리도 부끄러운지
시집오는 새색시처럼
조약돌만 보고 있을까

평생이 다 가도
하늘 한번 못 봐도
아쉬운 그리움의
그 기상이 가상하구나

겸손의 미덕에

시샘이 생겨
실바람 살래살래 간질여 봐도
살며시 웃음 짓고 미동도 없구나

벌 나비 찾아와
속삭여 봐도
눈길 한번 주지 않아
아쉬운 마음 안고 떠나는구나

기다리는 그 임은
언제 오려나
세 자매 단장하고
기다리는데

밤비 내리는

가로등 외로이
시름에 젖어 있네
누굴 기다리다 한숨지었나

먹구름 하소연 속
참을 길 없어
깊은 연민 하소연 속
눈물 강 이루었네

흐르는 물길 속에
시린 가슴 어찌 알고
불면의 마음 근심
쓸어내리네

번쩍하는
천둥소리
내 영혼 울림 속에

못 이룬 회한의 꿈
태워 버리는구나

구슬픈 밤비여
찬란히 다가오는
새 아침 기다림으로
풍진에 찌든 세상
새 단장하는가

여름밤의 정취

연기 내음 흙 마당에
멍석 깔아 놓고
잔별 빛나는 밤
옛 정취 더듬는다

노란 호박꽃
찬 이슬에 미소 짓고
벌레소리 구슬픔에
나팔꽃 노랫가락

은하수 꽃잎 따라
별빛 흐르는데
흘러간 사연 속에
풀잎 냄새 그립구나

모깃불 연기 모락모락
수박 한 통 갈라놓고

이웃형제 부르던
그 시절 여름밤

그믐달 기울고
풀 내음 사라져도
마음속에 남아도는
여름밤의 그 정취

별들도 잠이 들고
바람도 쉬어 가면
고요한 내 영혼
여름밤의 숨결일세

마음의 장벽을 헐어 버리고

바다에는
울타리가 없다

저 푸른 하늘에도
울타리가 없다

수평선 위에
희망이 넘치고
드넓은 하늘가에
자유가 흐른다

세상의 담벼락은
왜 그리 많고

사람의 마음엔
왜 그렇게 그물이 많은지

사람 사는 이 땅은
아픔의 그물들로 넘치는구나

우리들의 마음에
어두움을 드리우는
울타리도 걷어내고
그물도 걷어 버리자

너와 나의 마음이
서로 통하는
사랑의 꽃밭을 꾸미자

사랑받기 위해
이 땅에 태어난
믿음의 형제들이여

우리를 슬프게 하는

세상 속의 장벽들을
성령의 불로 태워 버리고

사랑의 끈으로
손에 손을 잡고
평화가 하수같이 흐르는
복된 에덴을 가꾸자

울림의 아픔

빛바랜 사진 한 장
만지작거리는데
손끝에 시려 오는 아련한 미련

초가집 아궁이에
고구마 구워 놓고
행여나 식을세라 날 부르던 그 목소리
세월 따라 돌고 돌아 귀밑에서 속삭이네

속절없이 가는 인생
너무 아쉬워
옛정 서린 어머니 말없이 불러 볼 때
주름 잡힌 눈가에 소리 없는 눈물 되네

살아실 제 못다 한 정성
회한의 아픔이
가슴속 깊은 곳에 울림으로 목메이네

마음의 밭을 갈자

마음의 밭을 갈자
티 없는 푸르름의 농부의 마음으로

귀 있는 자 들으라
예레미야 외침을
내 마음의 밭을 갈자고

갈지 않은 마음
잡초가 우거진 광야의 모래밭

이 땅을 살아가는
백성들의 마음
거칠고 메마름의 자갈밭

마음의 밭을 갈고
생명의 씨를 뿌리자
옥토의 꽃밭을 만들자

꽃향기 그윽한
진리의 샘터 위에
진리가 자라는
마음의 밭을 갈고 가꾸자

자유의 물결

하늘 호수에
한 조각 구름
바람 따라 흐르더니
살며시 다가와
사랑의 밀어로 속삭인다

세월의 흐름을
아쉬워 말라
인생의 흐름을
두려워 말라

물처럼
바람처럼
흐르다 보면
세상의 얽매임에서
어느 날 문득
자유의 기쁨에 감사하리라

촛불

밤비가
소리 없이 내리는 밤

촛불 하나
조용히 불을 켠다

어둠이 물러가고
방 안에 온기가 넘치고
다정한 옛정이
그림자 타고 다가온다

촛불은 조용히
자기 몸을 태운다
그리고 빛을 발한다

아픔의 괴로움 안고
희생의 눈물을 흘린다
아무 바람도 없이

겸손과 섬김으로
자기를 낮춘다
밝음의 빛은
아름다운 별이 된다
찬란히 빛나는
태양이 된다

눈물이 난다
자기 몸을 태우며
희생의 눈물로
어둠을 물리치는 촛불
내 삶의 그늘을 본다

세상의 허물
한 짐 지고 가는
나 자신의 욕심을 태우지 못하고
수고의 짐만 지고 간다

뜨거운 눈물이
무릎 위에 떨어진다

인생살이 세상살이
지나고 보면 한 줌 바람인데

내 마음에 잉태된
세상의 찌든 허물
성령의 불로 태우리라
새 생명으로 거듭나리라

낮아짐과 희생으로
빛을 내는 촛불이여
그 희생 영원한 불꽃이리라
꺼지지 않는 횃불이리라

순례자로 사는 인생

이슬 같은 나그네길
거친 들판 언덕 넘어
본향을 향한 열정 하나만으로
달려온 나의 인생길

천사들 손짓하는 그 모습 그리며
모진 세상 가시밭길 걸어도
괴로움 속 성령의 인도로
내 마음속에 천국을 담고 가네

천국 가는 그 길이 좁고 험해도
눈앞에 장망성 겹겹이 쌓여도
생명강 흐르는 본향이
저 너머에 있기에
기쁜 찬송 부르며 오늘도 달려가네

인생의 거친 광야의 길에서

주님의 따뜻한 손길이
날 이끄시고 동행할 때
천국 가는 순례자 본향길 달리네

아무리 애써도

괴로움에 떨며
몸부림친 그날
세월은 살같이 지나
사반세기의 세월이 흘렀구나

잊으려 해도
아무리 잊으려 해도
구름처럼 떠오는 이 슬픔은
계절이 바뀌고 흘러가도
또렷한 별빛 되어
메아리쳐 되돌아오는구나

마음속 먹구름은
걷히지 않고
타는 재만 남기며
마음이 통곡을 한다

한숨소리 흩어져도
가슴이 이 아픔 끊을 수 없어
운명의 질긴 끈은
눈보라 치는 세월로
시간은 거꾸로 되돌아간다

못다 핀 청춘의 꽃
티 없고 맑은 영혼으로
찬바람 타고 떠나갔으니
따스한 봄볕 타고
활짝 피어 있겠지

나 이제 눈물 거두고
주님 앞에 기도하리라

가슴에 흐르는 눈물
사랑의 주께 맡기고
천국 가는 길로만 걷게 하소서

깜짝 놀라

영광의 길 걷다
무심코 곁길로 들어서서
허상의 바벨탑
쌓아 가는 내 모습

깜짝 놀란 내 영혼
근심에 웅크리는데
세월은 저만큼
소리 없이 흘러가고
세상의 등불이 저 멀리서
날 오라 유혹하네

허전한 마음속에
눈물이 흐르는데
내 등 뒤에 주님이 오셨네

나 이제

높은 곳 바라보며
빛과 사랑이 넘치는
그곳에서
영원한 복락의 노래 부르리